深化党和国家机构改革方案

人民出版社

目　录

深化党和国家机构改革方案

　　近日,中共中央印发了《深化党和国家机构改革方案》,并发出通知,要求各地区各部门结合实际认真贯彻执行。

　　《深化党和国家机构改革方案》全文如下。

　　在新的历史起点上深化党和国家机构改革,必须全面贯彻党的十九大精神,坚持以马克思列宁主义、毛泽东思想、邓小平理论、"三个代表"重要思想、科学发展观、习近平新时代中国特色社会主义思想为指导,牢固树立政治意识、大局意识、核心意识、看齐意识,坚决维护以习近平同志为核心的党中央权威和集中统一领导,适应新时代中国特色社会主义发展要求,坚持稳中求进工作总基调,坚持正确改革方向,坚持以人民为中心,坚持全面依法治国,以加强党的全面领导为统领,以国家治理体系和治理能力现代化为导向,以推进党和国家机构职能优化协同高效为着力点,改革机构设置,优化职能配置,深化转职能、转方式、转作风,提高效率效能,积极构建系统完备、科学规范、运行高效的党和国家机构职能体系,为决胜全面建成小康社会、开启全面建设社会主义现代化国家新征程、实现中华民族伟大复兴的中国梦提供有力制度保障。

一、深化党中央机构改革

中国共产党领导是中国特色社会主义最本质的特征。党政军民学,东西南北中,党是领导一切的。深化党中央机构改革,要着眼于健全加强党的全面领导的制度,优化党的组织机构,建立健全党对重大工作的领导体制机制,更好发挥党的职能部门作用,推进职责相近的党政机关合并设立或合署办公,优化部门职责,提高党把方向、谋大局、定政策、促改革的能力和定力,确保党的领导全覆盖,确保党的领导更加坚强有力。

(一)组建国家监察委员会。为加强党对反腐败工作的集中统一领导,实现党内监督和国家机关监督、党的纪律检查和国家监察有机统一,实现对所有行使公权力的公职人员监察全覆盖,将监察部、国家预防腐败局的职责,最高人民检察院查处贪污贿赂、失职渎职以及预防职务犯罪等反腐败相关职责整合,组建国家监察委员会,同中央纪律检查委员会合署办公,履行纪检、监察两项职责,实行一套工作机构、两个机关名称。

主要职责是,维护党的章程和其他党内法规,检查党的路线方针政策和决议执行情况,对党员领导干部行使权力进行监督,维护宪法法律,对公职人员依法履职、秉公用权、廉洁从政以及道德操守情况进行监督检查,对涉嫌职务违法和职务犯罪的行为进行调查并作出政务处分决定,对履行职责不力、失职失责的领导人员进行问责,负责组织协调党风廉政建设和反腐败宣传等。

国家监察委员会由全国人民代表大会产生,接受全国人民代表大会及其常务委员会的监督。

不再保留监察部、国家预防腐败局。

(二)组建中央全面依法治国委员会。全面依法治国是中国特色社会主义的本质要求和重要保障。为加强党中央对法治中国建设的集中统一领导,健全党领导全面依法治国的制度和工作机制,更好落实全面依法治国基本方略,组建中央全面依法治国委员会,负责全面依法治国的顶层设计、总体布局、统筹协调、整体推进、督促落实,作为党中央决策议事协调机构。

主要职责是,统筹协调全面依法治国工作,坚持依法治国、依法执政、依法行政共同推进,坚持法治国家、法治政府、法治社会一体建设,研究全面依法治国重大事项、重大问题,统筹推进科学立法、严格执法、公正司法、全民守法,协调推进中国特色社会主义法治体系和社会主义法治国家建设等。

中央全面依法治国委员会办公室设在司法部。

(三)组建中央审计委员会。为加强党中央对审计工作的领导,构建集中统一、全面覆盖、权威高效的审计监督体系,更好发挥审计监督作用,组建中央审计委员会,作为党中央决策议事协调机构。

主要职责是,研究提出并组织实施在审计领域坚持党的领导、加强党的建设方针政策,审议审计监督重大政策和改革方案,审议年度中央预算执行和其他财政支出情况审计报告,审议决策审计监督其他重大事项等。

中央审计委员会办公室设在审计署。

（四）中央全面深化改革领导小组、中央网络安全和信息化领导小组、中央财经领导小组、中央外事工作领导小组改为委员会。为加强党中央对涉及党和国家事业全局的重大工作的集中统一领导，强化决策和统筹协调职责，将中央全面深化改革领导小组、中央网络安全和信息化领导小组、中央财经领导小组、中央外事工作领导小组分别改为中央全面深化改革委员会、中央网络安全和信息化委员会、中央财经委员会、中央外事工作委员会，负责相关领域重大工作的顶层设计、总体布局、统筹协调、整体推进、督促落实。

4个委员会的办事机构分别为中央全面深化改革委员会办公室、中央网络安全和信息化委员会办公室、中央财经委员会办公室、中央外事工作委员会办公室。

（五）组建中央教育工作领导小组。为加强党中央对教育工作的集中统一领导，全面贯彻党的教育方针，加强教育领域党的建设，做好学校思想政治工作,落实立德树人根本任务,深化教育改革,加快教育现代化,办好人民满意的教育,组建中央教育工作领导小组,作为党中央决策议事协调机构。

主要职责是,研究提出并组织实施在教育领域坚持党的领导、加强党的建设方针政策,研究部署教育领域思想政治、意识形态工作,审议国家教育发展战略、中长期规划、教育重大政策和体制改革方案,协调解决教育工作重大问题等。

中央教育工作领导小组秘书组设在教育部。

（六）组建中央和国家机关工作委员会。为加强中央和国家机关党的建设,落实全面从严治党要求,深入推进党的建设新的伟大工程,统一部署中央和国家机关党建工作,整合资源、形成合力,将中央直属机关工作委员会和中央国家机关工作委员会的职责整合,组建中央和国家机关工作委员会,作为党中央派出机构。

主要职责是,统一组织、规划、部署中央和国家机关党的工作,指导中央和国家机关党的政治建设、思想建设、组织建设、作风建设、纪律建设,指导中央和国家机关各级党组织实施对党员特别是党员领导干部的监督和管理,领导中央和国家机关各部门机关党的纪律检查工作,归口指导行业协会商会党建工作等。

不再保留中央直属机关工作委员会、中央国家机关工作委员会。

(七)组建新的中央党校(国家行政学院)。党校是我们党教育培训党员领导干部的主渠道。为全面加强党对干部培训工作的集中统一领导,统筹谋划干部培训工作,统筹部署重大理论研究,统筹指导全国各级党校(行政学院)工作,将中央党校和国家行政学院的职责整合,组建新的中央党校(国家行政学院),实行一个机构两块牌子,作为党中央直属事业单位。

主要职责是,承担全国高中级领导干部和中青年后备干部培训,开展重大理论问题和现实问题研究,研究宣传习近平新时代中国特色社会主义思想,承担党中央决策咨询服务,培养马克思主义理论骨干,对全国各级党校(行政学院)进行业务指导等。

(八)组建中央党史和文献研究院。党史和文献工作是党的事业的重要组成部分,在党和国家工作大局中具有不可替代的重要地位和作用。为加强党的历史和理论研究,统筹党史研究、文献编辑和著作编译资源力量,构建党的理论研究综合体系,促进党的理论研究和党的实践研究相结合,打造党的历史和理论研究高端平台,将中央党史研究室、中央文献研究室、中央编译局的职责整合,组建中央党史和文献研究院,作为党中央直属事业单位。中央党史和文献研究院对外保留中央编译局牌子。

主要职责是,研究马克思主义基本理论、马克思主义中国化及其主要代表人物,研究习近平新时代中国特色社会主义思想,研究中国共产党历史,编辑编译马克思主义经典作家重要文献、党和国家重要文献、主要领导人著作,征集整理重要党史文献资料等。

不再保留中央党史研究室、中央文献研究室、中央编译局。

(九)中央组织部统一管理中央机构编制委员会办公室。为加强党对机构编制和机构改革的集中统一领导,理顺机构编制管理和干部管理的体制机制,调整优化中央机构编制委员会领导体制,作为党中央决策议事协调机构,统筹负责党和国家机构职能编制工作。

中央机构编制委员会办公室作为中央机构编制委员会的办事机构,承担中央机构编制委员会日常工作,归口中央组织部管理。

(十)中央组织部统一管理公务员工作。为更好落实党管干部原则,加强党对公务员队伍的集中统一领导,更好统筹干部管理,建立健全统一规范高效的公务员管理体制,将国家公务员局并入中央组织部。中央组织部对外保留国家公务员局牌子。

调整后,中央组织部在公务员管理方面的主要职责是,统一管理公务员录用调配、考核奖惩、培训和工资福利等事务,研究拟订公务员管理政策和法律法规草案并组织实施,指导全国公务员队伍建设和绩效管理,负责国家公务员管理国际交流合作等。

不再保留单设的国家公务员局。

(十一)中央宣传部统一管理新闻出版工作。为加强党对新闻舆论工作的集中统一领导,加强对出版活动的管理,发展和繁荣中国特色社会主义出版事业,将国家新闻出版广电总局的新闻出版管理职责划入中央宣传部。中央宣传部对外加挂国家新闻出版署(国家版权局)牌子。

调整后,中央宣传部关于新闻出版管理方面的主要职责是,贯彻落实党的宣传工作方针,拟订新闻出版业的管理政策并督促落实,管理新闻出版行政事务,统筹规划和指导协调新闻出版事业、产业发展,监督管理出版物内容和质量,监督管理印刷业,管理著作权,管理出版物进口等。

(十二)中央宣传部统一管理电影工作。为更好发挥电影在宣传思想和文化娱乐方面的特殊重要作用,发展和繁荣电影事业,将国家新闻出版广电总局的电影管理职责划入中央宣传部。中央宣传部对外加挂国家电影局牌子。

调整后,中央宣传部关于电影管理方面的主要职责是,管理电影行政事务,指导监管电影制片、发行、放映工作,组织对电影内容进行审查,指导协调全国性重大电影活动,承担对外合作制片、输入输出影片的国际合作交流等。

(十三)中央统战部统一领导国家民族事务委员会。为加强党对民族工作的集中统一领导,将民族工作放在统战工作大局下统一部署、统筹协调、形成合力,更好贯彻落实党的民族工作方针,更好协调处理民族工作中的重大事项,将国家民族事务委员会归口中央统战部领导。国家民族事务委员会仍作为国务院组成部门。

调整后,中央统战部在民族工作方面的主要职责是,贯彻落实党的民族工作方针,研究拟订民族工作的政策和重大措施,协调处理民族工作中的重大问题,根据分工做好少数民族干部工作,领导国家民族事务委员会依法管理民族事务,全面促进民族事业发展等。

(十四)中央统战部统一管理宗教工作。为加强党对宗教工作的集中统一领导,全面贯彻党的宗教工作基本方针,坚持我国宗教的中国化方向,统筹统战和宗教等资源力量,积极引导宗教与社会主义社会相适应,将国家宗教事务局并入中央统战部。中央统战部对外保留国家宗教事务局牌子。

调整后,中央统战部在宗教事务管理方面的主要职责是,贯彻落实党的宗教工作基本方针和政策,研究拟订宗教工作的政策措施并督促落实,统筹协调宗教工作,依法管理宗教行政事务,保护公民宗教信仰自由和正常的宗教活动,巩固和发展同宗教界的爱国统一战线等。

不再保留单设的国家宗教事务局。

(十五)中央统战部统一管理侨务工作。为加强党对海外统战工作的集中统一领导,更加广泛地团结联系海外侨胞和归侨侨眷,更好发挥群众团体作用,将国务院侨务办公室并入中央统战部。中央统战部对外保留国务院侨务办公室牌子。

调整后,中央统战部在侨务方面的主要职责是,统一领导海外统战工作,管理侨务行政事务,负责拟订侨务工作政策和规划,调查研究国内外侨情和侨务工作情况,统筹协调有关部门和社会团体涉侨工作,联系香港、澳门和海外有关社团及代表人士,指导推动涉侨宣传、文化交流和华文教育工作等。

国务院侨务办公室海外华人华侨社团联谊等职责划归中国侨联行使，发挥中国侨联作为党和政府联系广大归侨侨眷和海外侨胞的桥梁纽带作用。

不再保留单设的国务院侨务办公室。

（十六）优化中央网络安全和信息化委员会办公室职责。为维护国家网络空间安全和利益，将国家计算机网络与信息安全管理中心由工业和信息化部管理调整为由中央网络安全和信息化委员会办公室管理。

工业和信息化部仍负责协调电信网、互联网、专用通信网的建设，组织、指导通信行业技术创新和技术进步，对国家计算机网络与信息安全管理中心基础设施建设、技术创新提供保障，在各省（自治区、直辖市）设置的通信管理局管理体制、主要职责、人员编制维持不变。

（十七）不再设立中央维护海洋权益工作领导小组。为坚决维护国家主权和海洋权益，更好统筹外交外事与涉海部门的资源和力量,将维护海洋权益工作纳入中央外事工作全局中统一谋划、统一部署,不再设立中央维护海洋权益工作领导小组,有关职责交由中央外事工作委员会及其办公室承担,在中央外事工作委员会办公室内设维护海洋权益工作办公室。

调整后,中央外事工作委员会及其办公室在维护海洋权益方面的主要职责是,组织协调和指导督促各有关方面落实党中央关于维护海洋权益的决策部署,收集汇总和分析研判涉及国家海洋权益的情报信息,协调应对紧急突发事态,组织研究维护海洋权益重大问题并提出对策建议等。

(十八)不再设立中央社会治安综合治理委员会及其办公室。为加强党对政法工作和社会治安综合治理等工作的统筹协调,加快社会治安防控体系建设,不再设立中央社会治安综合治理委员会及其办公室,有关职责交由中央政法委员会承担。

调整后,中央政法委员会在社会治安综合治理方面的主要职责是,负责组织协调、推动和督促各地区各有关部门开展社会治安综合治理工作,汇总掌握社会治安综合治理动态,协调处置重大突发事件,研究社会治安综合治理有关重大问题,提出社会治安综合治理工作对策建议等。

(十九)不再设立中央维护稳定工作领导小组及其办公室。为加强党对政法工作的集中统一领导,更好统筹协调政法机关资源力量,强化维稳工作的系统性,推进平安中国建设,不再设立中央维护稳定工作领导小组及其办公室,有关职责交由中央政法委员会承担。

调整后,中央政法委员会在维护社会稳定方面的主要职责是,统筹协调政法机关等部门处理影响社会稳定的重大事项,协调应对和处置重大突发事件,了解掌握和分析研判影响社会稳定的情况动态,预防、化解影响稳定的社会矛盾和风险等。

(二十)将中央防范和处理邪教问题领导小组及其办公室职责划归中央政法委员会、公安部。为更好统筹协调执政安全和社会稳定工作,建立健全党委和政府领导、部门分工负责、社会协同参与的防范治理邪教工作机制,发挥政法部门职能作用,提高组织、协调、执行能力,形成工作合力和常态化工作机制,将防范和处理邪教工作职责交由中央政法委员会、公安部承担。

调整后,中央政法委员会在防范和处理邪教工作方面的主要职责是,协调指导各相关部门做好反邪教工作,分析研判有关情况信息并向党中央提出政策建议,协调处置重大突发性事件等。公安部在防范和处理邪教工作方面的主要职责是,收集邪教组织影响社会稳定、危害社会治安的情况并进行分析研判,依法打击邪教组织的违法犯罪活动等。

二、深化全国人大机构改革

人民代表大会制度是坚持党的领导、人民当家作主、依法治国有机统一的根本政治制度安排。要适应新时代我国社会主要矛盾变化，完善全国人大专门委员会设置，更好发挥职能作用。

（二十一）组建全国人大社会建设委员会。为适应统筹推进"五位一体"总体布局需要，加强社会建设，创新社会管理，更好保障和改善民生，推进社会领域法律制度建设，整合全国人大内务司法委员会、财政经济委员会、教育科学文化卫生委员会的相关职责，组建全国人大社会建设委员会，作为全国人大专门委员会。

主要职责是，研究、拟订、审议劳动就业、社会保障、民政事务、群团组织、安全生产等方面的有关议案、法律草案，开展有关调查研究，开展有关执法检查等。

（二十二）全国人大内务司法委员会更名为全国人大监察和司法委员会。为健全党和国家监督体系，适应国家监察体制改革需要，促进国家监察工作顺利开展，将全国人大内务司法委员会更名为全国人大监察和司法委员会。

全国人大监察和司法委员会在原有工作职责基础上，增加配合深化国家监察体制改革、完善国家监察制度体系、推动实现党内监督和国家机关监督有机统一方面的职责。

（二十三）全国人大法律委员会更名为全国人大宪法和法律委员会。为弘扬宪法精神，增强宪法意识，维护宪法权威，加强宪法实施和监督，推进合宪性审查工作，将全国人大法律委员会更名为全国人大宪法和法律委员会。

全国人大宪法和法律委员会在继续承担统一审议法律草案工作的基础上，增加推动宪法实施、开展宪法解释、推进合宪性审查、加强宪法监督、配合宪法宣传等职责。

三、深化国务院机构改革

深化国务院机构改革,要着眼于转变政府职能,坚决破除制约使市场在资源配置中起决定性作用、更好发挥政府作用的体制机制弊端,围绕推动高质量发展,建设现代化经济体系,加强和完善政府经济调节、市场监管、社会管理、公共服务、生态环境保护职能,结合新的时代条件和实践要求,着力推进重点领域、关键环节的机构职能优化和调整,构建起职责明确、依法行政的政府治理体系,增强政府公信力和执行力,加快建设人民满意的服务型政府。

(二十四)组建自然资源部。建设生态文明是中华民族永续发展的千年大计。必须树立和践行绿水青山就是金山银山的理念,统筹山水林田湖草系统治理。为统一行使全民所有自然资源资产所有者职责,统一行使所有国土空间用途管制和生态保护修复职责，着力解决自然资源所有者不到位、空间规划重叠等问题，将国土资源部的职责，国家发展和改革委员会的组织编制主体功能区规划职责，住房和城乡建设部的城乡规划管理职责，水利部的水资源调查和确权登记管理职责，农业部的草原资源调查和确权登记管理职责，国家林业局的森林、湿地等资源调查和确权登记管理职责，国家海洋局的职责，国家测绘地理信息局的职责整合，组建自然资源部，作为国务院组成部门。自然资源部对外保留国家海洋局牌子。

主要职责是，对自然资源开发利用和保护进行监管，建立空间规划体系并监督实施，履行全民所有各类自然资源资产所有者职责，统一调查和确权登记，建立自然资源有偿使用制度，负责测绘和地质勘查行业管理等。

不再保留国土资源部、国家海洋局、国家测绘地理信息局。

（二十五）组建生态环境部。保护环境是我

国的基本国策,要像对待生命一样对待生态环境,实行最严格的生态环境保护制度,形成绿色发展方式和生活方式,着力解决突出环境问题。为整合分散的生态环境保护职责,统一行使生态和城乡各类污染排放监管与行政执法职责,加强环境污染治理,保障国家生态安全,建设美丽中国,将环境保护部的职责,国家发展和改革委员会的应对气候变化和减排职责,国土资源部的监督防止地下水污染职责,水利部的编制水功能区划、排污口设置管理、流域水环境保护职责,农业部的监督指导农业面源污染治理职责,国家海洋局的海洋环境保护职责,国务院南水北调工程建设委员会办公室的南水北调工程项目区环境保护职责整合,组建生态环境部,作为国务院组成部门。生态环境部对外保留国家核安全局牌子。

主要职责是,拟订并组织实施生态环境政策、规划和标准,统一负责生态环境监测和执法工作,监督管理污染防治、核与辐射安全,组织开展中央环境保护督察等。

不再保留环境保护部。

（二十六）组建农业农村部。农业农村农民问题是关系国计民生的根本性问题，必须始终把解决好"三农"问题作为全党工作重中之重。为加强党对"三农"工作的集中统一领导，坚持农业农村优先发展，统筹实施乡村振兴战略，推动农业全面升级、农村全面进步、农民全面发展，加快实现农业农村现代化，将中央农村工作领导小组办公室的职责，农业部的职责，以及国家发展和改革委员会的农业投资项目、财政部的农业综合开发项目、国土资源部的农田整治项目、水利部的农田水利建设项目等管理职责整合，组建农业农村部，作为国务院组成部门。中央农村工作领导小组办公室设在农业农村部。

主要职责是，统筹研究和组织实施"三农"工作战略、规划和政策，监督管理种植业、畜牧业、渔业、农垦、农业机械化、农产品质量安全，负责农业投资管理等。

将农业部的渔船检验和监督管理职责划入交通运输部。

不再保留农业部。

（二十七）组建文化和旅游部。满足人民过上美好生活新期待，必须提供丰富的精神食粮。为增强和彰显文化自信，坚持中国特色社会主义文化发展道路，统筹文化事业、文化产业发展和旅游资源开发，提高国家文化软实力和中华文化影响力，将文化部、国家旅游局的职责整合，组建文化和旅游部，作为国务院组成部门。

主要职责是，贯彻落实党的文化工作方针政策，研究拟订文化和旅游工作政策措施，统筹规划文化事业、文化产业、旅游业发展，深入实施文化惠民工程，组织实施文化资源普查、挖掘和保护工作，维护各类文化市场包括旅游市场秩序，加强对外文化交流，推动中华文化走出去等。

不再保留文化部、国家旅游局。

（二十八）组建国家卫生健康委员会。人民健康是民族昌盛和国家富强的重要标志。为推动实施健康中国战略，树立大卫生、大健康理念，把以治病为中心转变到以人民健康为中心，预防控制重大疾病，积极应对人口老龄化，加快老龄事业和产业发展，为人民群众提供全方位全周期健康服务，将国家卫生和计划生育委员会、国务院深化医药卫生体制改革领导小组办公室、全国老龄工作委员会办公室的职责，工业和信息化部的牵头《烟草控制框架公约》履约工作职责，国家安全生产监督管理总局的职业安全健康监督管理职责整合，组建国家卫生健康委员会，作为国务院组成部门。

主要职责是，拟订国民健康政策，协调推进深化医药卫生体制改革，组织制定国家基本药物制度，监督管理公共卫生、医疗服务和卫生应急，负责计划生育管理和服务工作，拟订应对人口老龄化、医养结合政策措施等。

保留全国老龄工作委员会,日常工作由国家卫生健康委员会承担。民政部代管的中国老龄协会改由国家卫生健康委员会代管。国家中医药管理局由国家卫生健康委员会管理。

不再保留国家卫生和计划生育委员会。不再设立国务院深化医药卫生体制改革领导小组办公室。

(二十九)组建退役军人事务部。为维护军人军属合法权益,加强退役军人服务保障体系建设,建立健全集中统一、职责清晰的退役军人管理保障体制,让军人成为全社会尊崇的职业,将民政部的退役军人优抚安置职责,人力资源和社会保障部的军官转业安置职责,以及中央军委政治工作部、后勤保障部有关职责整合,组建退役军人事务部,作为国务院组成部门。

主要职责是,拟订退役军人思想政治、管理保障等工作政策法规并组织实施,褒扬彰显退役军人为党、国家和人民牺牲奉献的精神风范和价值导向,负责军队转业干部、复员干部、退休干部、退役士兵的移交安置工作和自主择业退役军人服务管理、待遇保障工作,组织开展退役军人教育培训、优待抚恤等,指导全国拥军优属工作,负责烈士及退役军人荣誉奖励、军人公墓维护以及纪念活动等。

（三十）组建应急管理部。提高国家应急管理能力和水平,提高防灾减灾救灾能力,确保人民群众生命财产安全和社会稳定,是我们党治国理政的一项重大任务。为防范化解重特大安全风险,健全公共安全体系,整合优化应急力量和资源,推动形成统一指挥、专常兼备、反应灵敏、上下联动、平战结合的中国特色应急管理体制,将国家安全生产监督管理总局的职责,国务院办公厅的应急管理职责,公安部的消防管理职责,民政部的救灾职责,国土资源部的地质灾害防治、水利部的水旱灾害防治、农业部的草原防火、国家林业局的森林防火相关职责,中国地震局的震灾应急救援职责以及国家防汛抗旱总指挥部、国家减灾委员会、国务院抗震救灾指挥部、国家森林防火指挥部的职责整合,组建应急管理部,作为国务院组成部门。

主要职责是,组织编制国家应急总体预案和规划,指导各地区各部门应对突发事件工作,推动应急预案体系建设和预案演练。建立灾情报告系统并统一发布灾情,统筹应急力量建设和物资储备并在救灾时统一调度,组织灾害救助体系建设,指导安全生产类、自然灾害类应急救援,承担国家应对特别重大灾害指挥部工作。指导火灾、水旱灾害、地质灾害等防治。负责安全生产综合监督管理和工矿商贸行业安全生产监督管理等。公安消防部队、武警森林部队转制后,与安全生产等应急救援队伍一并作为综合性常备应急骨干力量,由应急管理部管理,实行专门管理和政策保障,采取符合其自身特点的职务职级序列和管理办法,提高职业荣誉感,保持有生力量和战斗力。应急管理部要处理好防灾和救灾的关系,明确与相关部门和地方各自职责分工,建立协调配合机制。

中国地震局、国家煤矿安全监察局由应急管理部管理。

不再保留国家安全生产监督管理总局。

(三十一)重新组建科学技术部。创新是引领发展的第一动力,是建设现代化经济体系的战略支撑。为更好实施科教兴国战略、人才强国战略、创新驱动发展战略,加强国家创新体系建设,优化配置科技资源,推动建设高端科技创新人才队伍,健全技术创新激励机制,加快建设创新型国家,将科学技术部、国家外国专家局的职责整合,重新组建科学技术部,作为国务院组成部门。科学技术部对外保留国家外国专家局牌子。

主要职责是,拟订国家创新驱动发展战略方针以及科技发展、基础研究规划和政策并组织实施,统筹推进国家创新体系建设和科技体制改革,组织协调国家重大基础研究和应用基础研究,编制国家重大科技项目规划并监督实施,牵头建立统一的国家科技管理平台和科研项目资金协调、评估、监管机制,负责引进国外智力工作等。

国家自然科学基金委员会改由科学技术部管理。

不再保留单设的国家外国专家局。

(三十二)重新组建司法部。全面依法治国是国家治理的一场深刻革命,必须在党的领导下,遵循法治规律,创新体制机制,全面深化依法治国实践。为贯彻落实全面依法治国基本方略,加强党对法治政府建设的集中统一领导,统筹行政立法、行政执法、法律事务管理和普法宣传,推动政府工作纳入法治轨道,将司法部和国务院法制办公室的职责整合,重新组建司法部,作为国务院组成部门。

主要职责是,负责有关法律和行政法规草案起草,负责立法协调和备案审查、解释,综合协调行政执法,指导行政复议应诉,负责普法宣传,负责监狱、戒毒、社区矫正管理,负责律师公证和司法鉴定仲裁管理,承担国家司法协助等。

不再保留国务院法制办公室。

（三十三）优化审计署职责。改革审计管理体制,保障依法独立行使审计监督权,是健全党和国家监督体系的重要内容。为整合审计监督力量,减少职责交叉分散,避免重复检查和监督盲区,增强监督效能,将国家发展和改革委员会的重大项目稽察、财政部的中央预算执行情况和其他财政收支情况的监督检查、国务院国有资产监督管理委员会的国有企业领导干部经济责任审计和国有重点大型企业监事会的职责划入审计署,相应对派出审计监督力量进行整合优化,构建统一高效审计监督体系。

不再设立国有重点大型企业监事会。

（三十四）组建国家市场监督管理总局。改革市场监管体系,实行统一的市场监管,是建立统一开放竞争有序的现代市场体系的关键环节。为完善市场监管体制,推动实施质量强国战略,营造诚实守信、公平竞争的市场环境,进一步推进市场监管综合执法、加强产品质量安全监管,让人民群众买得放心、用得放心、吃得放心,将国家工商行政管理总局的职责,国家质量监督检验检疫总局的职责,国家食品药品监督管理总局的职责,国家发展和改革委员会的价格监督检查与反垄断执法职责,商务部的经营者集中反垄断执法以及国务院反垄断委员会办公室等职责整合,组建国家市场监督管理总局,作为国务院直属机构。

主要职责是,负责市场综合监督管理,统一登记市场主体并建立信息公示和共享机制,组织市场监管综合执法工作,承担反垄断统一执法,规范和维护市场秩序,组织实施质量强国战略,负责工业产品质量安全、食品安全、特种设备安全监管,统一管理计量标准、检验检测、认证认可工作等。

组建国家药品监督管理局,由国家市场监督管理总局管理,主要职责是负责药品、化妆品、医疗器械的注册并实施监督管理。

将国家质量监督检验检疫总局的出入境检验检疫管理职责和队伍划入海关总署。

保留国务院食品安全委员会、国务院反垄断委员会,具体工作由国家市场监督管理总局承担。

国家认证认可监督管理委员会、国家标准化管理委员会职责划入国家市场监督管理总局,对外保留牌子。

不再保留国家工商行政管理总局、国家质量监督检验检疫总局、国家食品药品监督管理总局。

(三十五)组建国家广播电视总局。为加强党对新闻舆论工作的集中统一领导,加强对重要宣传阵地的管理,牢牢掌握意识形态工作领导权,充分发挥广播电视媒体作为党的喉舌作用,在国家新闻出版广电总局广播电视管理职责的基础上组建国家广播电视总局,作为国务院直属机构。

主要职责是,贯彻党的宣传方针政策,拟订广播电视管理的政策措施并督促落实,统筹规划和指导协调广播电视事业、产业发展,推进广播电视领域的体制机制改革,监督管理、审查广播电视与网络视听节目内容和质量,负责广播电视节目的进口、收录和管理,协调推动广播电视领域走出去工作等。

不再保留国家新闻出版广电总局。

(三十六)组建中央广播电视总台。坚持正确舆论导向,高度重视传播手段建设和创新,提高新闻舆论传播力、引导力、影响力、公信力,是牢牢掌握意识形态工作领导权的重要抓手。为加强党对重要舆论阵地的集中建设和管理,增强广播电视媒体整体实力和竞争力,推动广播电视媒体、新兴媒体融合发展,加快国际传播能力建设,整合中央电视台(中国国际电视台)、中央人民广播电台、中国国际广播电台,组建中央广播电视总台,作为国务院直属事业单位,归口中央宣传部领导。

主要职责是,宣传党的理论和路线方针政策,统筹组织重大宣传报道,组织广播电视创作生产,制作和播出广播电视精品,引导社会热点,加强和改进舆论监督,推动多媒体融合发展,加强国际传播能力建设,讲好中国故事等。

撤销中央电视台(中国国际电视台)、中央人民广播电台、中国国际广播电台建制。对内保留原呼号,对外统一呼号为"中国之声"。

(三十七)组建中国银行保险监督管理委员会。金融是现代经济的核心,必须高度重视防控金融风险、保障国家金融安全。为深化金融监管体制改革,解决现行体制存在的监管职责不清晰、交叉监管和监管空白等问题,强化综合监管,优化监管资源配置,更好统筹系统重要性金融机构监管,逐步建立符合现代金融特点、统筹协调监管、有力有效的现代金融监管框架,守住不发生系统性金融风险的底线,将中国银行业监督管理委员会和中国保险监督管理委员会的职责整合,组建中国银行保险监督管理委员会,作为国务院直属事业单位。

主要职责是，依照法律法规统一监督管理银行业和保险业，保护金融消费者合法权益，维护银行业和保险业合法、稳健运行，防范和化解金融风险，维护金融稳定等。

将中国银行业监督管理委员会和中国保险监督管理委员会拟订银行业、保险业重要法律法规草案和审慎监管基本制度的职责划入中国人民银行。

不再保留中国银行业监督管理委员会、中国保险监督管理委员会。

（三十八）组建国家国际发展合作署。为充分发挥对外援助作为大国外交的重要手段作用，加强对外援助的战略谋划和统筹协调，推动援外工作统一管理，改革优化援外方式，更好服务国家外交总体布局和共建"一带一路"等，将商务部对外援助工作有关职责、外交部对外援助协调等职责整合，组建国家国际发展合作署，作为国务院直属机构。

主要职责是,拟订对外援助战略方针、规划、政策,统筹协调援外重大问题并提出建议,推进援外方式改革,编制对外援助方案和计划,确定对外援助项目并监督评估实施情况等。对外援助的具体执行工作仍由相关部门按分工承担。

　　(三十九)组建国家医疗保障局。医疗保险制度对于保障人民群众就医需求、减轻医药费用负担、提高健康水平有着重要作用。为完善统一的城乡居民基本医疗保险制度和大病保险制度,不断提高医疗保障水平,确保医保资金合理使用、安全可控,推进医疗、医保、医药"三医联动"改革,更好保障病有所医,将人力资源和社会保障部的城镇职工和城镇居民基本医疗保险、生育保险职责,国家卫生和计划生育委员会的新型农村合作医疗职责,国家发展和改革委员会的药品和医疗服务价格管理职责,民政部的医疗救助职责整合,组建国家医疗保障局,作为国务院直属机构。

　　主要职责是,拟订医疗保险、生育保险、医疗救助等医疗保障制度的政策、规划、标准并组织实施,监督管理相关医疗保障基金,完善国家异地就医管理和费用结算平台,组织制定和调整药品、医疗服务价格和收费标准,制定药品和医用耗材的招标采购政策并监督实施,监督管理纳入医保支出范围内的医疗服务行为和医疗费用等。

(四十)组建国家粮食和物资储备局。为加强国家储备的统筹规划,构建统一的国家物资储备体系,强化中央储备粮棉的监督管理,提升国家储备应对突发事件的能力,将国家粮食局的职责,国家发展和改革委员会的组织实施国家战略物资收储、轮换和管理,管理国家粮食、棉花和食糖储备等职责,以及民政部、商务部、国家能源局等部门的组织实施国家战略和应急储备物资收储、轮换和日常管理职责整合,组建国家粮食和物资储备局,由国家发展和改革委员会管理。

主要职责是,根据国家储备总体发展规划和品种目录,组织实施国家战略和应急储备物资的收储、轮换、管理,统一负责储备基础设施的建设与管理,对管理的政府储备、企业储备以及储备政策落实情况进行监督检查,负责粮食流通行业管理和中央储备粮棉行政管理等。

不再保留国家粮食局。

(四十一)组建国家移民管理局。随着我国综合国力进一步提升,来华工作生活的外国人不断增加,对做好移民管理服务提出新要求。为加强对移民及出入境管理的统筹协调,更好形成移民管理工作合力,将公安部的出入境管理、边防检查职责整合,建立健全签证管理协调机制,组建国家移民管理局,加挂中华人民共和国出入境管理局牌子,由公安部管理。

主要职责是,协调拟订移民政策并组织实施,负责出入境管理、口岸证件查验和边民往来管理,负责外国人停留居留和永久居留管理、难民管理、国籍管理,牵头协调非法入境、非法居留、非法就业外国人治理和非法移民遣返,负责中国公民因私出入国（境）服务管理，承担移民领域国际合作等。

（四十二）组建国家林业和草原局。为加大生态系统保护力度，统筹森林、草原、湿地监督管理，加快建立以国家公园为主体的自然保护地体系，保障国家生态安全，将国家林业局的职责，农业部的草原监督管理职责，以及国土资源部、住房和城乡建设部、水利部、农业部、国家海洋局等部门的自然保护区、风景名胜区、自然遗产、地质公园等管理职责整合，组建国家林业和草原局，由自然资源部管理。国家林业和草原局加挂国家公园管理局牌子。

主要职责是，监督管理森林、草原、湿地、荒漠和陆生野生动植物资源开发利用和保护，组织生态保护和修复，开展造林绿化工作，管理国家公园等各类自然保护地等。

不再保留国家林业局。

（四十三）重新组建国家知识产权局。强化

知识产权创造、保护、运用,是加快建设创新型国家的重要举措。为解决商标、专利分头管理和重复执法问题,完善知识产权管理体制,将国家知识产权局的职责、国家工商行政管理总局的商标管理职责、国家质量监督检验检疫总局的原产地地理标志管理职责整合,重新组建国家知识产权局,由国家市场监督管理总局管理。

主要职责是,负责保护知识产权工作,推动知识产权保护体系建设,负责商标、专利、原产地地理标志的注册登记和行政裁决,指导商标、专利执法工作等。商标、专利执法职责交由市场监管综合执法队伍承担。

(四十四)国务院三峡工程建设委员会及其办公室、国务院南水北调工程建设委员会及其办公室并入水利部。目前,三峡主体工程建设任务已经完成,南水北调东线和中线工程已经竣工。为加强对重大水利工程建设和运行的统一管理,理顺职责关系,将国务院三峡工程建设委员会及其办公室、国务院南水北调工程建设委员会及其办公室并入水利部。由水利部承担三峡工程和南水北调工程的运行管理、后续工程建设管理和移民后期扶持管理等职责。

不再保留国务院三峡工程建设委员会及其办公室、国务院南水北调工程建设委员会及其办公室。

（四十五）调整全国社会保障基金理事会隶属关系。为加强社会保障基金管理和监督，理顺职责关系，保证基金安全和实现保值增值目标，将全国社会保障基金理事会由国务院管理调整为由财政部管理，承担基金安全和保值增值的主体责任，作为基金投资运营机构，不再明确行政级别。

（四十六）改革国税地税征管体制。为降低征纳成本，理顺职责关系，提高征管效率，为纳税人提供更加优质高效便利服务，将省级和省级以下国税地税机构合并，具体承担所辖区域内各项税收、非税收入征管等职责。为提高社会保险资金征管效率,将基本养老保险费、基本医疗保险费、失业保险费等各项社会保险费交由税务部门统一征收。国税地税机构合并后,实行以国家税务总局为主与省(自治区、直辖市)政府双重领导管理体制。国家税务总局要会同省级党委和政府加强税务系统党的领导,做好党的建设、思想政治建设和干部队伍建设工作,优化各层级税务组织体系和征管职责,按照"瘦身"与"健身"相结合原则,完善结构布局和力量配置,构建优化高效统一的税收征管体系。

四、深化全国政协机构改革

人民政协是具有中国特色的制度安排,是社会主义协商民主的重要渠道和专门协商机构。要加强人民政协民主监督,增强人民政协界别的代表性,加强委员队伍建设,优化政协专门委员会设置。

（四十七）组建全国政协农业和农村委员会。将全国政协经济委员会联系农业界和研究"三农"问题等职责调整到全国政协农业和农村委员会。

主要职责是，组织委员学习宣传党和国家农业农村方面的方针政策和法律法规，就"三农"问题开展调查研究，提出意见、建议和提案，团结和联系农业和农村界委员反映社情民意。

（四十八）全国政协文史和学习委员会更名为全国政协文化文史和学习委员会。将全国政协教科文卫体委员会承担的联系文化艺术界等相关工作调整到全国政协文化文史和学习委员会。

主要职责是，组织委员学习宣传党和国家文化艺术文史方面的方针政策和法律法规，就文化艺术文史问题开展调查研究，提出意见、建议和提案，团结和联系文化艺术文史界委员反映社情民意。

（四十九）全国政协教科文卫体委员会更名为全国政协教科卫体委员会。主要职责是，组织委员学习宣传党和国家教育、科技、卫生、体育方面的方针政策和法律法规，就教育、科技、卫生、体育问题开展调查研究，提出意见、建议和提案，团结和联系教育、科技、卫生、体育界委员反映社情民意。

五、深化行政执法体制改革

深化行政执法体制改革，统筹配置行政处罚职能和执法资源，相对集中行政处罚权，是深化机构改革的重要任务。根据不同层级政府的事权和职能，按照减少层次、整合队伍、提高效率的原则，大幅减少执法队伍种类，合理配置执法力量。一个部门设有多支执法队伍的，原则上整合为一支队伍。推动整合同一领域或相近领域执法队伍，实行综合设置。完善执法程序，严格执法责任，做到严格规范公正文明执法。

（五十）整合组建市场监管综合执法队伍。整合工商、质检、食品、药品、物价、商标、专利等执法职责和队伍，组建市场监管综合执法队伍。由国家市场监督管理总局指导。鼓励地方将其他直接到市场、进企业，面向基层、面对老百姓的执法队伍，如商务执法、盐业执法等，整合划入市场监管综合执法队伍。药品经营销售等行为的执法，由市县市场监管综合执法队伍统一承担。

（五十一）整合组建生态环境保护综合执法队伍。整合环境保护和国土、农业、水利、海洋等部门相关污染防治和生态保护执法职责、队伍，统一实行生态环境保护执法。由生态环境部指导。

（五十二）整合组建文化市场综合执法队伍。将旅游市场执法职责和队伍整合划入文化市场综合执法队伍，统一行使文化、文物、出版、广播电视、电影、旅游市场行政执法职责。由文化和旅游部指导。

（五十三）整合组建交通运输综合执法队伍。整合交通运输系统内路政、运政等涉及交通运输的执法职责、队伍，实行统一执法。由交通运输部指导。

（五十四）整合组建农业综合执法队伍。将农业系统内兽医兽药、生猪屠宰、种子、化肥、农药、农机、农产品质量等执法队伍整合，实行统一执法。由农业农村部指导。

继续探索实行跨领域跨部门综合执法，建立健全综合执法主管部门、相关行业管理部门、综合执法队伍间协调配合、信息共享机制和跨部门、跨区域执法协作联动机制。对涉及的相关法律法规及时进行清理修订。

六、深化跨军地改革

着眼全面落实党对人民解放军和其他武装力量的绝对领导，贯彻落实党中央关于调整武警部队领导指挥体制的决定,按照军是军、警是警、民是民原则,将列武警部队序列、国务院部门领导管理的现役力量全部退出武警,将国家海洋局领导管理的海警队伍转隶武警部队,将武警部队担负民事属性任务的黄金、森林、水电部队整体移交国家相关职能部门并改编为非现役专业队伍,同时撤收武警部队海关执勤兵力,彻底理顺武警部队领导管理和指挥使用关系。

(五十五)公安边防部队改制。公安边防部队不再列武警部队序列,全部退出现役。

公安边防部队转到地方后,成建制划归公安机关,并结合新组建国家移民管理局进行适当调整整合。现役编制全部转为人民警察编制。

(五十六)公安消防部队改制。公安消防部队不再列武警部队序列,全部退出现役。

公安消防部队转到地方后,现役编制全部转为行政编制,成建制划归应急管理部,承担灭火救援和其他应急救援工作,充分发挥应急救援主力军和国家队的作用。

（五十七）公安警卫部队改制。公安警卫部队不再列武警部队序列,全部退出现役。

公安警卫部队转到地方后,警卫局(处)由同级公安机关管理的体制不变,承担规定的警卫任务,现役编制全部转为人民警察编制。

（五十八）海警队伍转隶武警部队。按照先移交、后整编的方式,将国家海洋局(中国海警局)领导管理的海警队伍及相关职能全部划归武警部队。

（五十九）武警部队不再领导管理武警黄金、森林、水电部队。按照先移交、后整编的方式,将武警黄金、森林、水电部队整体移交国家有关职能部门,官兵集体转业改编为非现役专业队伍。

武警黄金部队转为非现役专业队伍后,并入自然资源部,承担国家基础性公益性地质工作任务和多金属矿产资源勘查任务,现役编制转为财政补助事业编制。原有的部分企业职能划转中国黄金总公司。

武警森林部队转为非现役专业队伍后，现役编制转为行政编制，并入应急管理部，承担森林灭火等应急救援任务，发挥国家应急救援专业队作用。

武警水电部队转为非现役专业队伍后，充分利用原有的专业技术力量，承担水利水电工程建设任务，组建为国有企业，可继续使用中国安能建设总公司名称，由国务院国有资产监督管理委员会管理。

（六十）武警部队不再承担海关执勤任务。参与海关执勤的兵力一次性整体撤收，归建武警部队。

为补充武警部队撤勤后海关一线监管力量缺口，海关系统要结合检验检疫系统整合，加大内部挖潜力度，同时通过核定军转编制接收一部分转业官兵，并通过实行购买服务、聘用安保人员等方式加以解决。

七、深化群团组织改革

群团组织改革要认真落实党中央关于群团改革的决策部署,健全党委统一领导群团工作的制度,紧紧围绕保持和增强政治性、先进性、群众性这条主线,强化问题意识,以更大力度、更实举措推进改革,着力解决"机关化、行政化、贵族化、娱乐化"等问题,把群团组织建设得更加充满活力、更加坚强有力。

牢牢把握改革正确方向,始终坚持党对群团组织的领导,坚决贯彻党的意志和主张,自觉服从服务党和国家工作大局,找准工作结合点和着力点,落实以人民为中心的工作导向,增强群团组织的吸引力影响力。要聚焦突出问题,改革机关设置、优化管理模式、创新运行机制,坚持眼睛向下、面向基层,将力量配备、服务资源向基层倾斜,更好适应基层和群众需要。促进党政机构同群团组织功能有机衔接,支持和鼓励群团组织承接适合由群团组织承担的公共服务职能,增强群团组织团结教育、维护权益、服务群众功能,充分发挥党和政府联系人民群众的桥梁纽带作用。加强组织领导,加强统筹协调,加强分类指导,加强督察问责,认真总结经验,切实把党中央对群团工作和群团改革的各项要求落到实处。

八、深化地方机构改革

地方机构改革要全面贯彻落实党中央关于深化党和国家机构改革的决策部署,坚持加强党的全面领导,坚持省市县统筹、党政群统筹,根据各层级党委和政府的主要职责,合理调整和设置机构,理顺权责关系,改革方案按程序报批后组织实施。

深化地方机构改革,要着力完善维护党中央权威和集中统一领导的体制机制,省市县各级涉及党中央集中统一领导和国家法制统一、政令统一、市场统一的机构职能要基本对应。赋予省级及以下机构更多自主权，突出不同层级职责特点，允许地方根据本地区经济社会发展实际，在规定限额内因地制宜设置机构和配置职能。统筹设置党政群机构，在省市县对职能相近的党政机关探索合并设立或合署办公，市县要加大党政机关合并设立或合署办公力度。借鉴经济发达镇行政管理体制改革试点经验，适应街道、乡镇工作特点和便民服务需要，构建简约高效的基层管理体制。

加强各级党政机构限额管理，地方各级党委机构限额与同级政府机构限额统一计算。承担行政职能的事业单位，统一纳入地方党政机构限额管理。省级党政机构数额，由党中央批准和管理。市县两级党政机构数额，由省级党委实施严格管理。

强化机构编制管理刚性约束，坚持总量控制，严禁超编进人、超限额设置机构、超职数配备领导干部。结合全面深化党和国家机构改革，对编制进行整合规范，加大部门间、地区间编制统筹调配力度。在省（自治区、直辖市）范围内，打破编制分配之后地区所有、部门所有、单位所有的模式，随职能变化相应调整编制。

坚持蹄疾步稳、紧凑有序推进改革，中央和国家机关机构改革要在 2018 年年底前落实到位。省级党政机构改革方案要在 2018 年 9 月底前报党中央审批，在 2018 年年底前机构调整基本到位。省以下党政机构改革，由省级党委统一领导，在 2018 年年底前报党中央备案。所有地方机构改革任务在 2019 年 3 月底前基本完成。

深化党和国家机构改革是推进国家治理体系和治理能力现代化的一场深刻变革，是关系党和国家事业全局的重大政治任务。各地区各部门各单位要坚决维护以习近平同志为核心的党中央权威和集中统一领导，坚持正确改革方向，把思想和行动统一到党中央关于深化党和国家机构改革的重大决策部署上来,不折不扣落实党中央决策部署。要着力统一思想认识,把思想政治工作贯穿改革全过程,引导各级干部强化政治意识、大局意识、核心意识、看齐意识,领导干部要带头讲政治、顾大局、守纪律、促改革,坚决维护党中央改革决策的权威性和严肃性。要加强组织领导,各级党委和政府要把抓改革举措落地作为政治责任,党委(党组)主要领导要当好第一责任人,对党中央明确的改革任务要坚决落实到位,涉及机构变动、职责调整的部门,要服从大局,确保机构、职责、队伍等按要求及时调整到位,不允许搞变通、拖延改革。要加强对各地区各部门机构改革落实情况的督导检查。各地区各部门推进机构改革情况和遇到的重大问题及时向党中央报告请示。

（新华社北京 2018 年 3 月 21 日电）

图书在版编目（CIP）数据

深化党和国家机构改革方案. —北京：人民出版社，2018.3
ISBN 978－7－01－019137－9

Ⅰ.①深…　Ⅱ.　Ⅲ.①国家机构-机构改革-文件-中国
Ⅳ.①D630

中国版本图书馆 CIP 数据核字（2018）第 054453 号

深化党和国家机构改革方案

SHENHUA DANG HE GUOJIA JIGOU GAIGE FANG'AN

人民出版社 出版发行

（100706　北京市东城区隆福寺街 99 号）

北京汇林印务有限公司印刷　新华书店经销

2018 年 3 月第 1 版　2018 年 3 月北京第 1 次印刷
开本：880 毫米×1230 毫米 1/32　印张：2
字数：24 千字　印数：000,001－550,000 册

ISBN 978－7－01－019137－9　定价：5.50 元

邮购地址 100706　北京市东城区隆福寺街 99 号
人民东方图书销售中心　电话（010）65250042　65289539

ISBN 978-7-01-019137-9

9 787010 191379 >

定价:5.50 元